EMG3-0155
合唱楽譜＜J-POP＞

J-POP
CHORUS PIECE

合唱で歌いたい！ J-POPコーラスピース

混声3部合唱

SAKURA

作詞・作曲：水野良樹　合唱編曲：山本寛之

9784815205713
JN159117

••• 曲目解説 •••

国民的アーティスト、いきものがかりのデビューシングル。まっすぐと伸びる声で情感たっぷりに歌われる、ミディアム調のポップ・ナンバーです。桜の花びらが散りゆく様子に想いをはせ、切なくも力強く歌い上げたこの楽曲。過去の思い出を受け止めつつ、未来へと強く動き出そうとする青春像が描かれています。卒業ソングとして注目されているこの一曲を歌ってみてはいかがでしょうか！

ELEVATO
MUSIC ENTERTAINMENT

SAKURA

作詞・作曲:水野良樹　合唱編曲:山本寛之

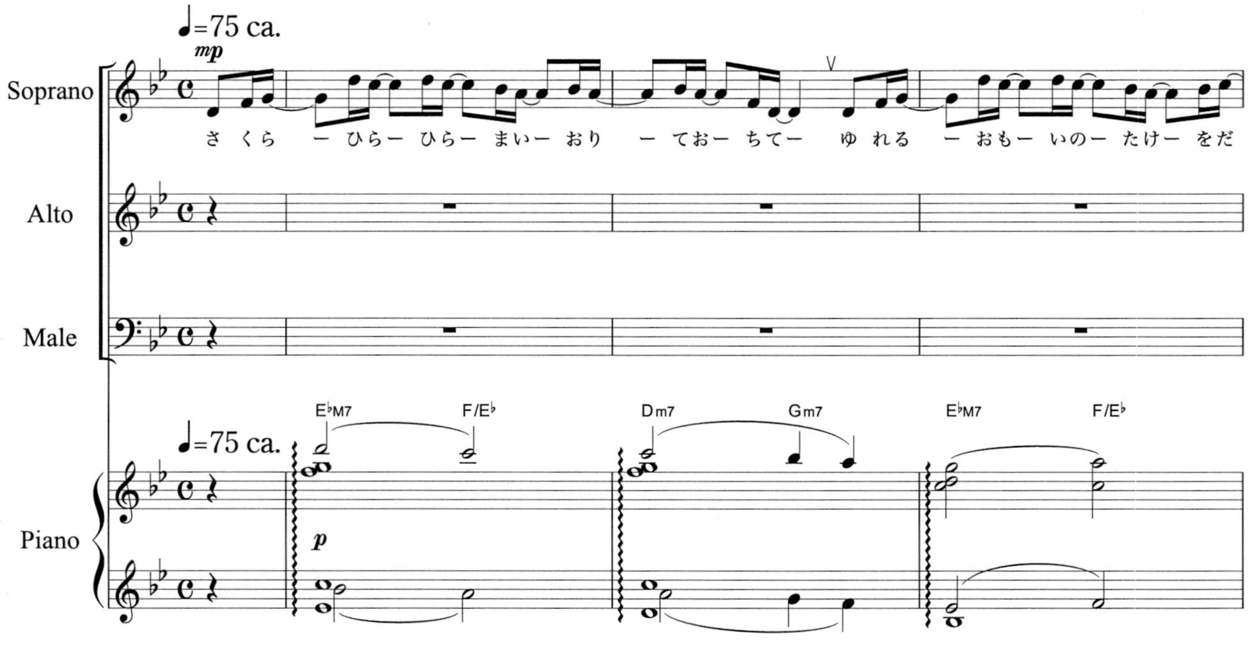

© 2006 by cube inc.

4
p
mp
ー きしー めたー きみと ーはるー にねー がいー しあ ーのゆー めはー いまも みえてい
Uh いまも みえてい
いまも みえてい
Dm7 Gm7 E♭M7 F/E♭ Dm7 Gm Cm7 Dm7
8
A
mf
るよー さくら まいちー る ー Ah
るよー さくら Ah ah
るよー さくら Ah Ah
Gsus4 Gm E♭M7 F E♭M7 F Dm7 Gm E♭M7 F
pp
13
Ah Oh Oh Oh Oh
ah ah Oh Oh Oh Oh
ah Oh Oh Oh Oh
Dm7 D E♭M7 F Dm7 Gm Cm7 Dm7 E♭M7 D7/F♯ D7

18
B
p
Oh
mp
でんしゃから みえたのは いつか の お もーか げー ふたり で か よ ーった はるの お お はし
mp
ふたり で か よ ーった はるの お お はし
B
Gm E♭M7 F D7 Gm E♭M7 Cm7 Dsus4 D/F♯
mp
22
mp
あのひ をさが す の
そつぎょうの ときがきて きみは ま ち をーで たー い ろ づ く か わべに あのひ をさが す の
そつぎょうの ときがきて ま ち を で た ー い ろ づ く か わべに あのひ をさが す の
Gm E♭M7 F D7 Gm E♭M7 Cm7 Dsus4 D
26
C
mp
Uh uh
mf
あ
mf
それぞれのみち をえーらび ふたりは はるを おーえた さきほこるみらい は あ
mp
Uh uh
mf
あ
C
E♭M7 F/E♭ Dm7 D/F♯
mp

29
mp
mf
たしーをあーせらせて
Uh
さくらがうつるき
たしーをあーせらせて
おだきゅうせんのまどーに
ことしも さくらがうつるき
たしーをあーせらせて
Uh
さくらがうつる
Gm
Dm7/F
E♭M7
F
D
D7/F♯
32
cresc.
f
みのこーえがー
このむねーにきこえてーくーるよーー
さくら
みのこーえがー
このむねーに ー きこえてーくーるよーー
さくら
きみのこーえがこのむねーに ー きこえてーくーるよーー
さくら
Gm
E♭M7
Cm7
Dm7/F
D7
8va
Dsus4
36
D
ーひらーひらーまいーおりーておーちてー
ゆれるーおもーいのーたけーをだーきしーめたー
きみと
ーひらーひらーまいーおりーておーちてー
ゆれるーおもーいのーたけーをだーきしーめたー
きみと
ーひらーひらーまいーおりーておーちてー
ゆれるーおもーいのーたけーをだーきしーめたー
きみと
D
E♭M7
F
Dm7
Gm
E♭M7
F
Dm7
Gm
f

40
ーはるー にねー がいー しあ ー のゆー めはー いま も みえ て い るよー さく
ーはるー にねー がいー しあ ー のゆー めはー いま も みえ て い るよー さく
ーはるー にねー がいー しあ ー のゆー めはー いま も みえ て い るよー さく
E♭M7 F Dm7 Gm E♭M7 F Gm
44
E
mf
ら まい ちー る ー Ah Oh Oh Oh
mf
ら Ah Oh Oh Oh
ら
E♭M7 F
E
E♭M7 F Dm7 Gm E♭M7 D7sus4 D/F♯
mf
48
F
p
Uh Uh
mp
みすか され るね
p
Uh
mp
ちいさなーうそは みすか され るね
mp
かきかけた てがみには 「げんき で い るーよ」とー ちいさなーうそは みすか され るね
F
Gm E♭M7 F D7 Gm E♭M7 Cm7 Dsus4 D7
mp

52
Uh uh つぼみ を ひ らく
Uh ことし も あ の はなが つぼみ を ひ らく
めぐりゆく このまちも はるを う け いーれ てー ことし も あ の はなが つぼみ を ひ らく
Gm E♭M7 F D7 Gm E♭M7 Cm7 D7sus4 D7
G
56
Uh uh わ
きみがいないひびをこーえて あたしも おとなになって(い)く こうやって すべ て わ
Uh uh わ
E♭M7 F/E♭ Dm7 D/F♯
59
すれーて いーく の か な Uh てを のばーす こ
すれーて いーく の か な 「ほんとう にすきだっ たんだ」 さくらに てを のばーす こ
すれーて いーく の か な Uh てを のばーす
Gm Dm7/F E♭M7 F D D7/F♯

62
cresc.
のおもーいがー　いまはるーにつつまれーていくよーー
のおもーいがー　いまはるーにー　つつまれーていくよーー
このおもーいがいまはるーにー　つつまれーていくよーー
Gm
E♭M7
Cm7
Dm7/F
D7
65
f
H
さくらーひらーひらーまいーおりーておーちてー　ゆれるーおもーいのーたけーをだ
さくらーひらーひらーまいーおりーておーちてー　ゆれるーおもーいのーたけーをだ
さくらーひらーひらーまいーおりーておーちてー　ゆれるーおもーいのーたけーをだ
8va
Dsus4
E♭M7
F
Dm7
Gm
69
ーきよーせたー　きみがーくれーしつーよきーあのーことーばはー　いまも　むねにの
ーきよーせたー　きみがーくれーしつーよきーあのーことーばはー　いまも　むねにの
ーきよーせたー　きみがーくれーしつーよきーあのーことーばはー　いまも　むねにの
Dm7
Gm
E♭M7
F

73
I
こるー　さくら　まい　ゆーく　ー
こるー　さくら
こるー　さくら
Gm　E♭M7　F
Gm　D/F♯　B♭7　E♭M7
77
Cm7　B♭/D　C/E　C　D7　D7/F♯　E♭M7　Dm7　Cm7　E♭M7　D7
81
J
さくら　ーひらー　ひらー　まいー　おり　ーておー　ちてー　ゆれる　ーおもー　いのー　たけー　をだ
E♭M7　F/E♭　Dm7　Gm7　E♭M7　F/E♭

85
ー きしー めたー と おき ー はるー にゆー めみー しあ ー のひー びはー そ ら に きえ て い
p
mp
Uh そ ら に
mp
そ ら に
Dm7 Gm7 E♭M7 F/E♭ Dm7 Gm Cm7 Dm7
89
f
K
く よ ー さ くら ー ひらー ひらー まいー おり ー てお ー ちてー は るの ー そのー むこー うへー とあ
f
さ くら ー ひらー ひらー まいー おり ー てお ー ちてー は るの ー そのー むこー うへー とあ
f
さ くら ー ひらー ひらー まいー おり ー てお ー ちてー は るの ー そのー むこー うへー とあ
K
E♭M7 Fsus4/A D7(♭5♯9)/A♭ E♭M7 F Dm7 Gm7 E♭M7 F
mf
f
93
ー るきー だすー き みと ー はるー にちー かいー しこ ー のゆー めをー つ よ く む ね に だ
ー るきー だすー き みと ー はるー にちー かいー しこ ー のゆー めをー つ よ く む ね に だ
ー るきー だすー き みと ー はるー にちー かいー しこ ー のゆー めをー つ よ く む ね に だ
Dm7 Gm7 E♭M7 F Dm7 Gm7 E♭M7 F

※…「Oh」から「Hum.」へ徐々に移行する

MEMO

ELEVATO
MUSIC ENTERTAINMENT

SAKURA

作詞:水野良樹

さくら　ひらひら　舞い降りて落ちて　揺れる　想いのたけを　抱きしめた
君と　春に　願いし　あの夢は　今も見えているよ　さくら舞い散る

電車から　見えたのは　いつかのおもかげ　ふたりで通《かよ》った　春の大橋
卒業の　ときが来て　君は故郷《まち》を出た　色づく川辺に　あの日を探すの

それぞれの道を選び　ふたりは春を終えた　咲き誇る明日《みらい》は　あたしを焦《あせ》らせて
小田急線の窓に　今年もさくらが映る　君の声が　この胸に　聞こえてくるよ

さくら　ひらひら　舞い降りて落ちて　揺れる　想いのたけを　抱きしめた
君と　春に　願いし　あの夢は　今も見えているよ　さくら舞い散る

書きかけた　手紙には　「元気でいるよ」と　小さな嘘は　見透かされるね
めぐりゆく　この街も　春を受け入れて　今年もあの花が　つぼみをひらく

君がいない日々を超えて　あたしも大人になっていく　こうやって全て忘れていくのかな
「本当に好きだったんだ」　さくらに手を伸ばす　この想いが　今　春に　つつまれていくよ

さくら　ひらひら　舞い降りて落ちて　揺れる　想いのたけを　抱き寄せた
君が　くれし　強き　あの言葉は　今も　胸に残る　さくら舞いゆく

さくら　ひらひら　舞い降りて落ちて　揺れる　想いのたけを　抱きしめた
遠き　春に　夢見し　あの日々は　空に消えていくよ

さくら　ひらひら　舞い降りて落ちて　春のその向こうへと歩き出す
君と　春に　誓いし　この夢を　強く　胸に抱いて　さくら舞い散る

ELEVATO
MUSIC ENTERTAINMENT

MEMO

MEMO

ELEVATO
MUSIC ENTERTAINMENT

ELEVATO
MUSIC ENTERTAINMENT

エレヴァートミュージックエンターテイメントはウィンズスコアが
展開する「合唱楽譜・器楽系楽譜」を中心とした専門レーベルです。

ご注文について

エレヴァートミュージックエンターテイメントの商品は全国の楽器店、ならびに書店にてお求めになれますが、店頭でのご購入が困難な場合、下記PC&モバイルサイト・FAX・電話からのご注文で、直接ご購入が可能です。

◎PCサイト&モバイルサイトでのご注文方法

http://elevato-music.com

上記のアドレスへアクセスし、WEBショップにてご注文ください。

◎FAXでのご注文方法

FAX.03-6809-0594

24時間、ご注文を承ります。上記PCサイトよりFAXご注文用紙をダウンロードし、
印刷、ご記入の上ご送信ください。

◎お電話でのご注文方法

TEL.0120-713-771

営業時間内に電話いただければ、電話にてご注文を承ります。

※この出版物の全部または一部を権利者に無断で複製(コピー)することは、著作権の侵害にあたり、
著作権法により罰せられます。

※造本には十分注意しておりますが、万一、落丁・乱丁などの不良品がありましたらお取り替えいたします。
また、ご意見・ご感想もホームページより受け付けておりますので、お気軽にお問い合わせください。

LOVE THE ORIGINAL
楽譜のコピーはやめましょう